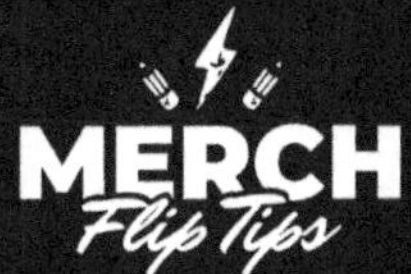

MERCH
Flip Tips

AF225901

T-Shirt Design Sketchbook

MERCH
Flip Tips

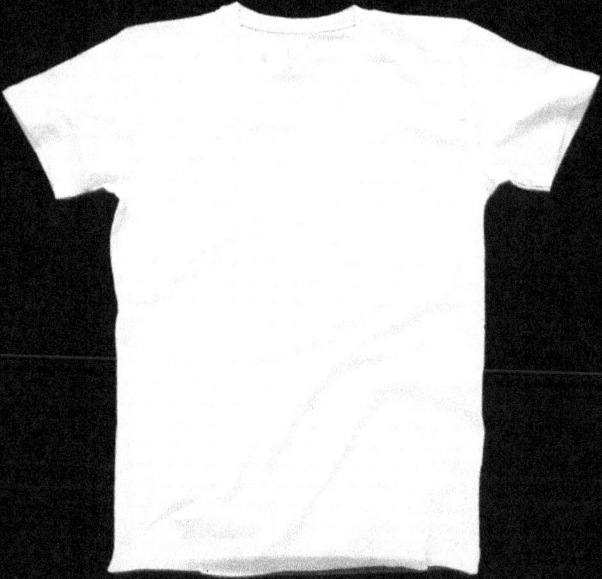

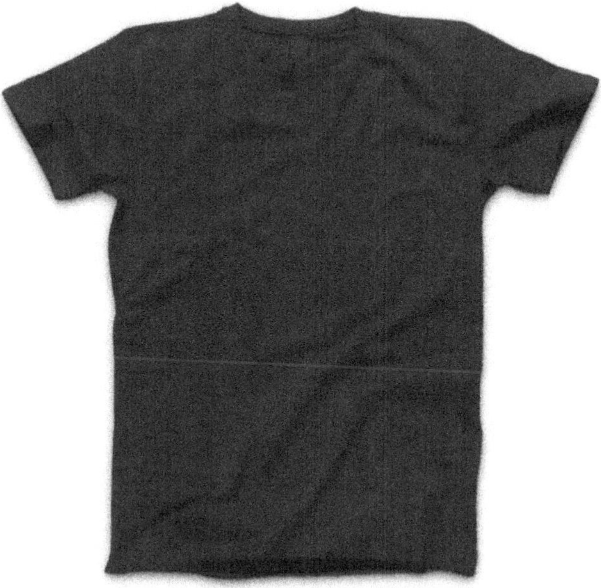

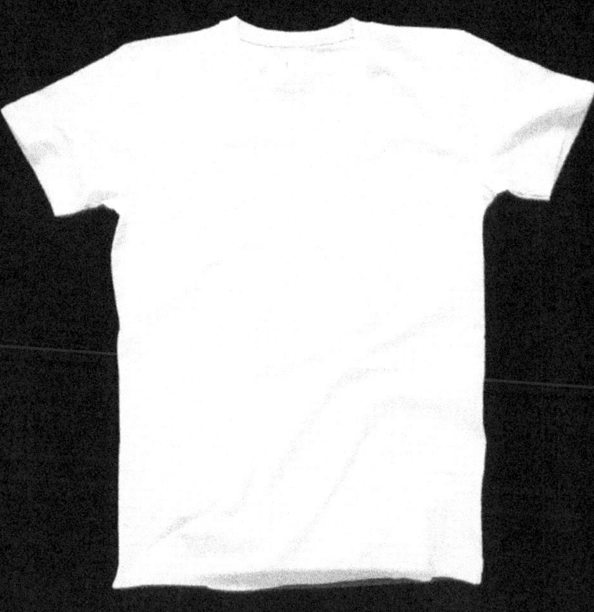

MERCH
Flip Tips

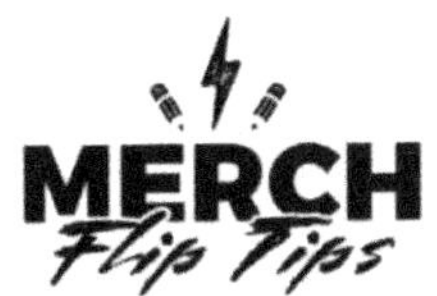

MERCH
Flip Tips

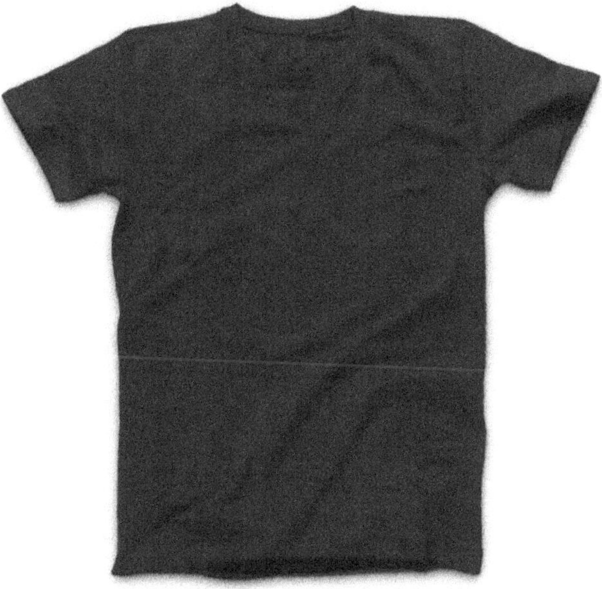

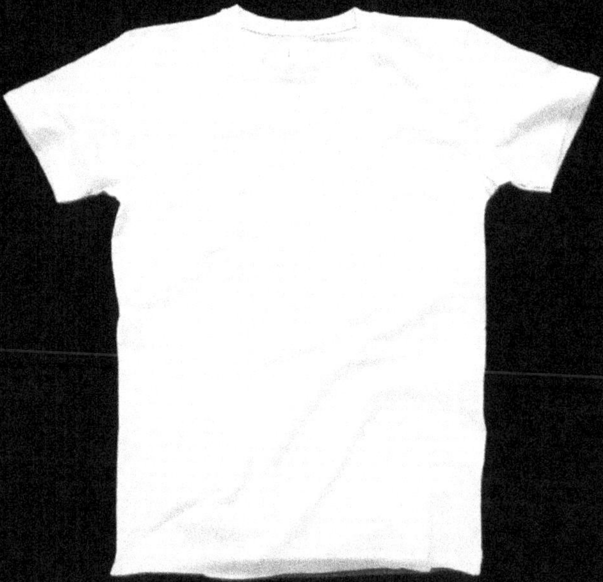

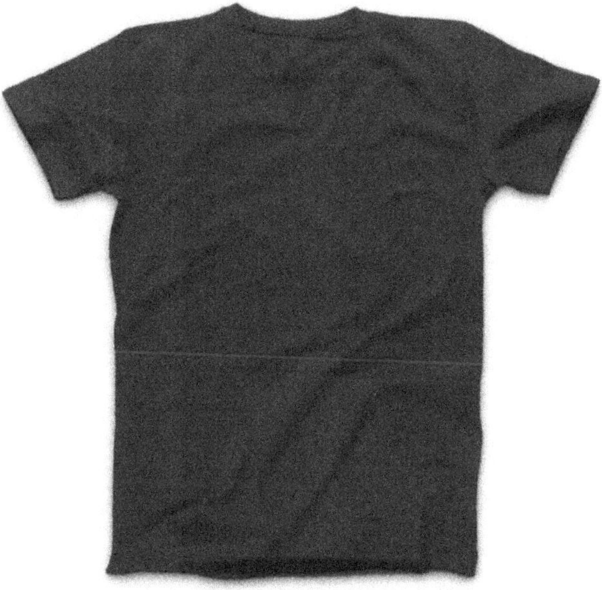

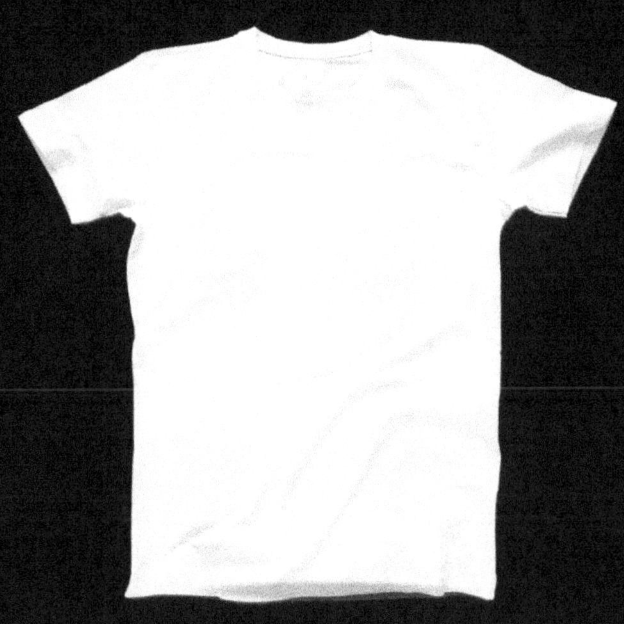
MERCH
Flip Tips

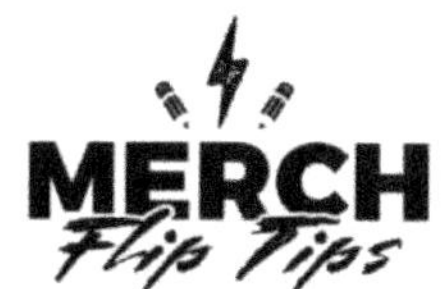

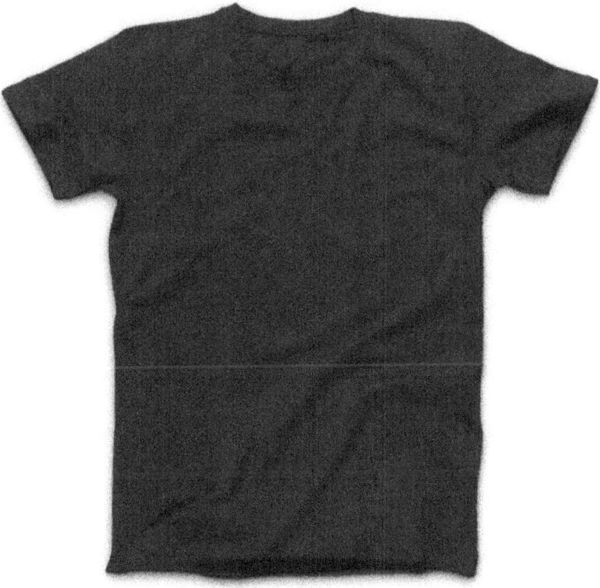

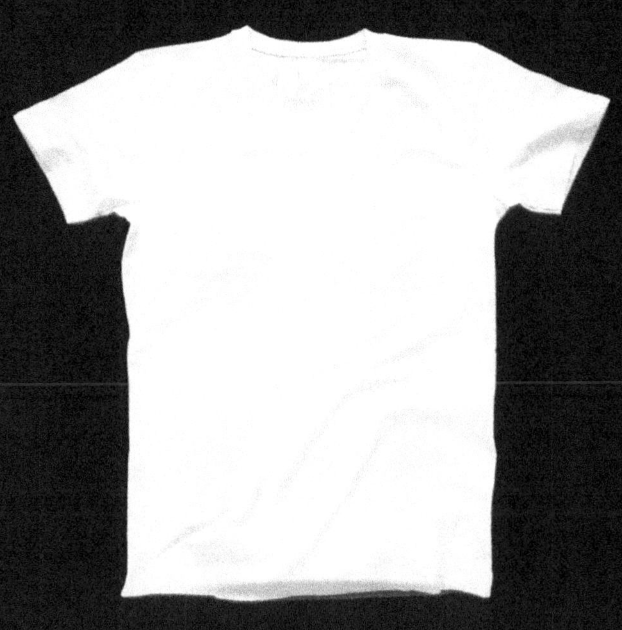
MERCH
Flip Tips

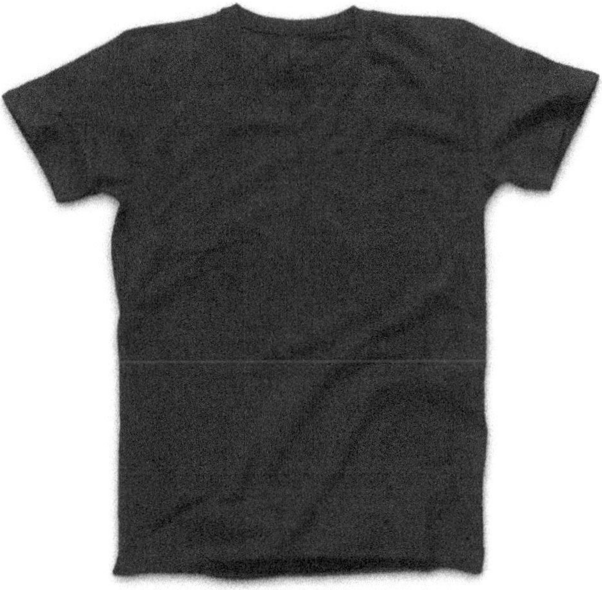

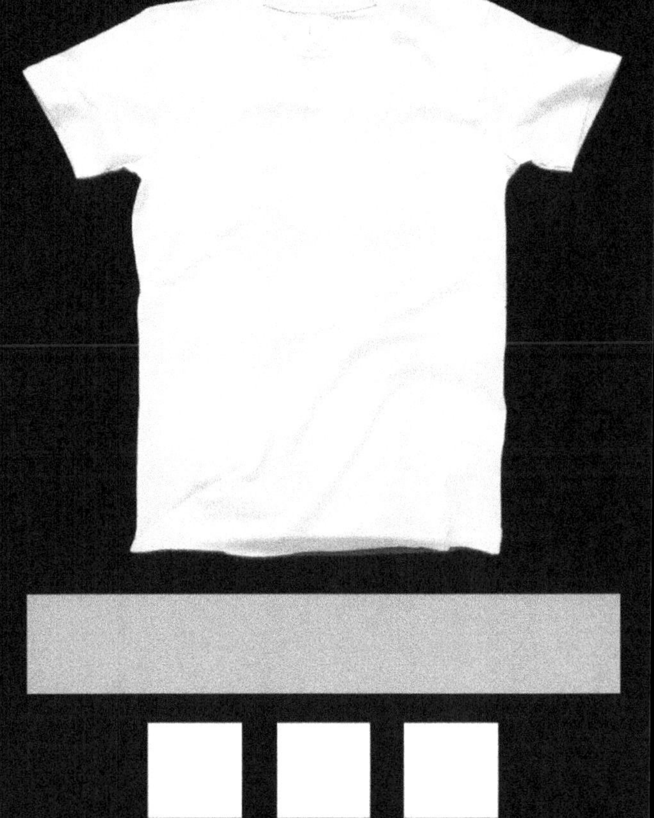

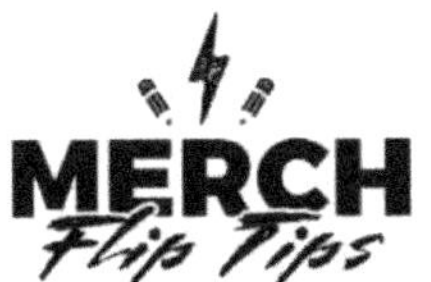

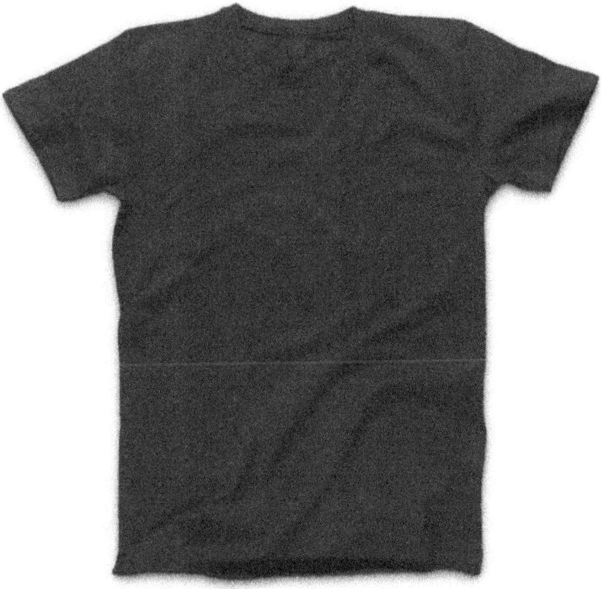

MERCH
Flip Tips

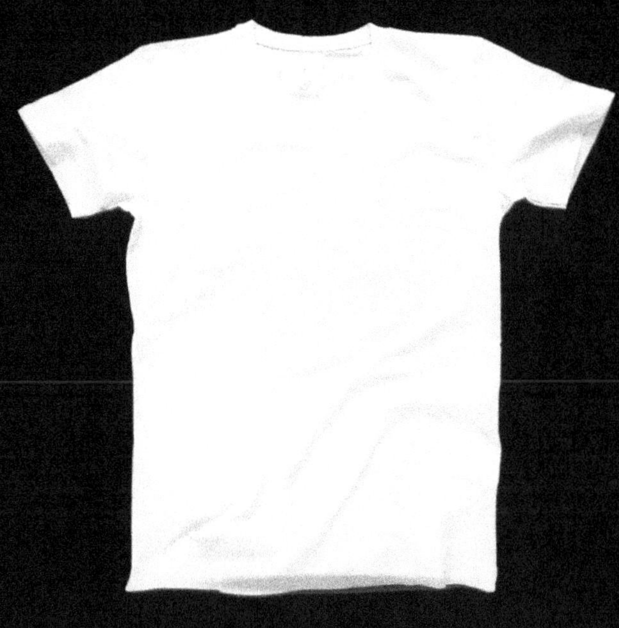

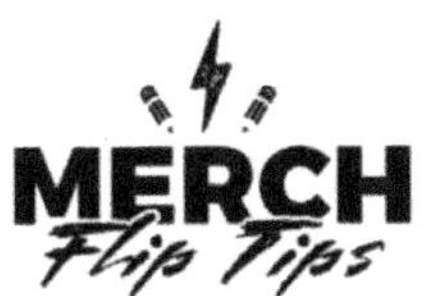

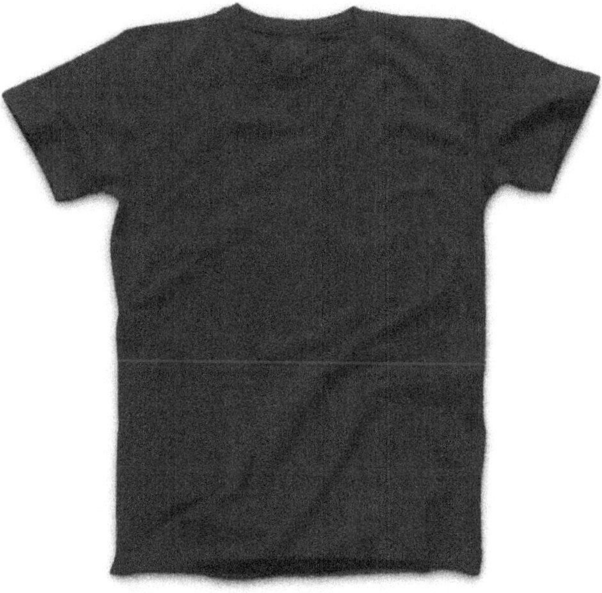

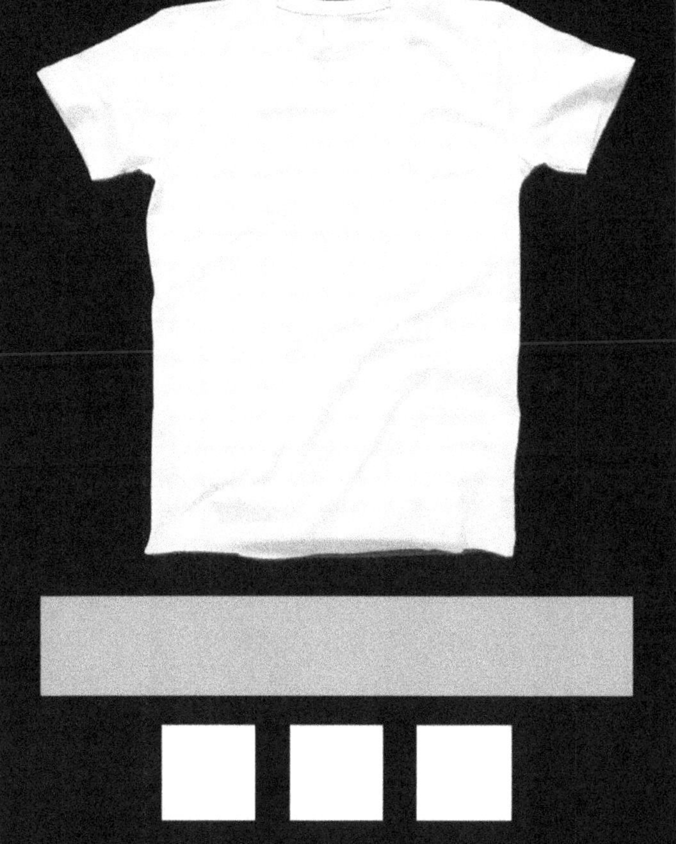

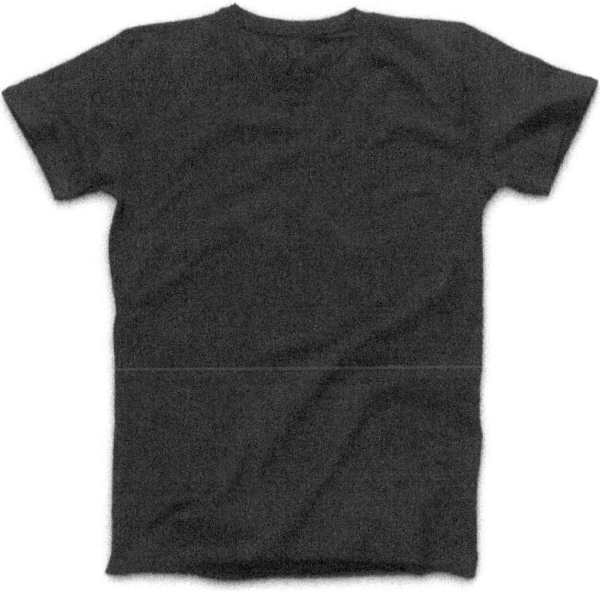

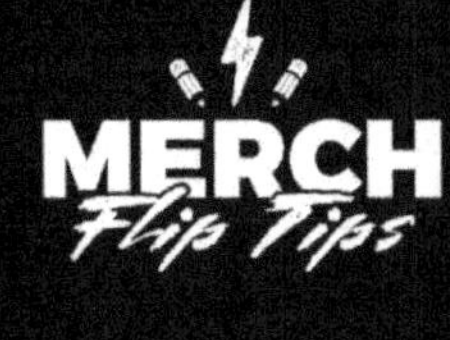

MERCH
Flip Tips

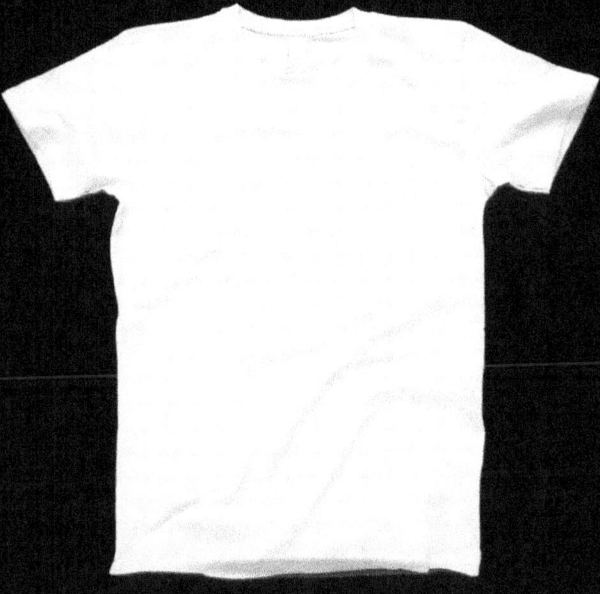

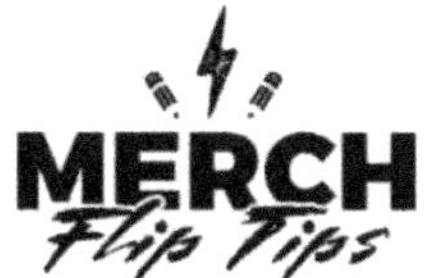

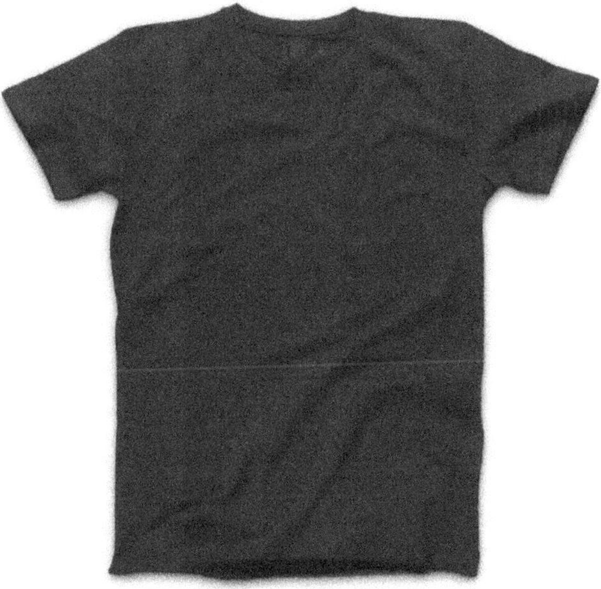

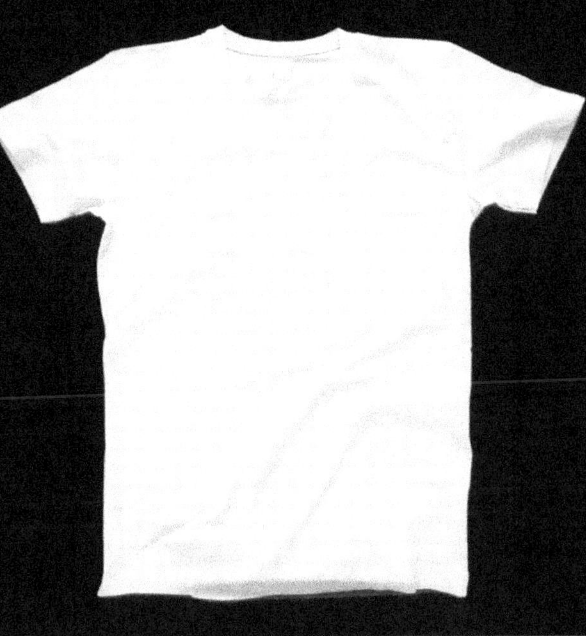

MERCH
Flip Tips

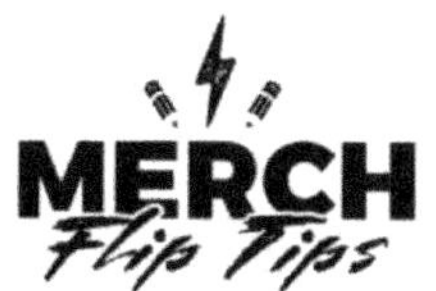

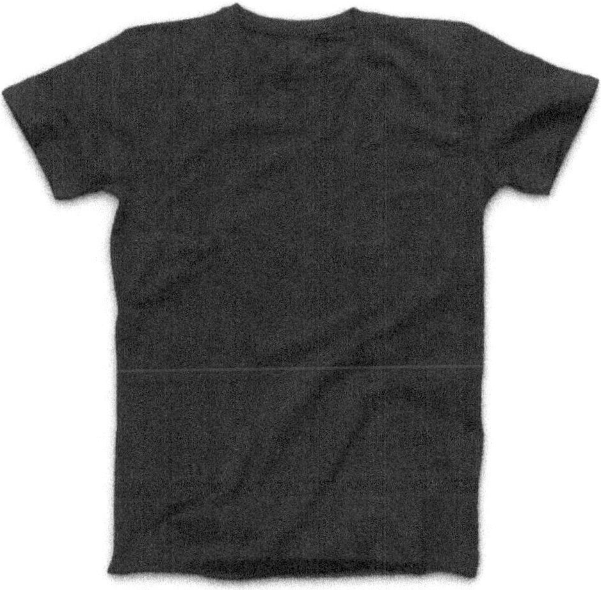

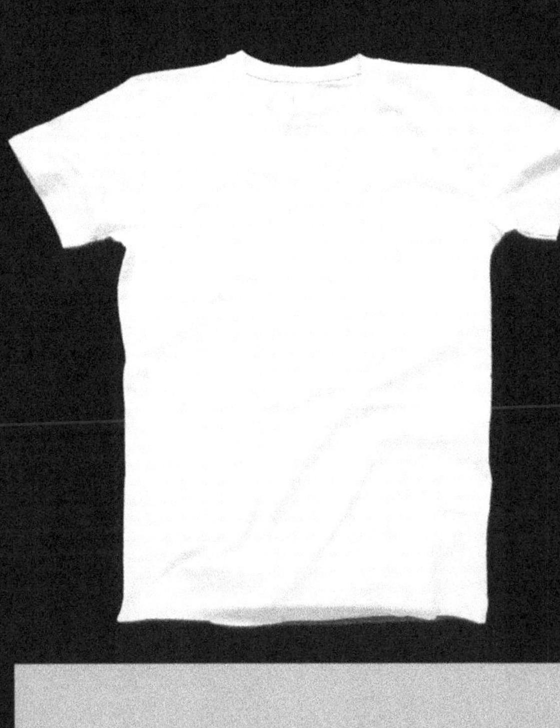

MERCH
Flip Tips

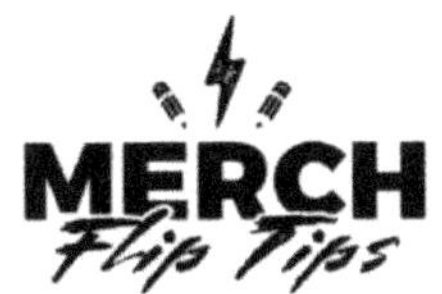

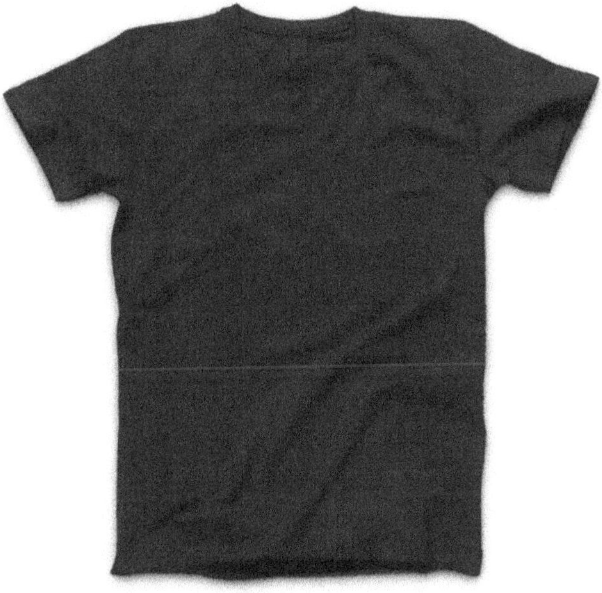

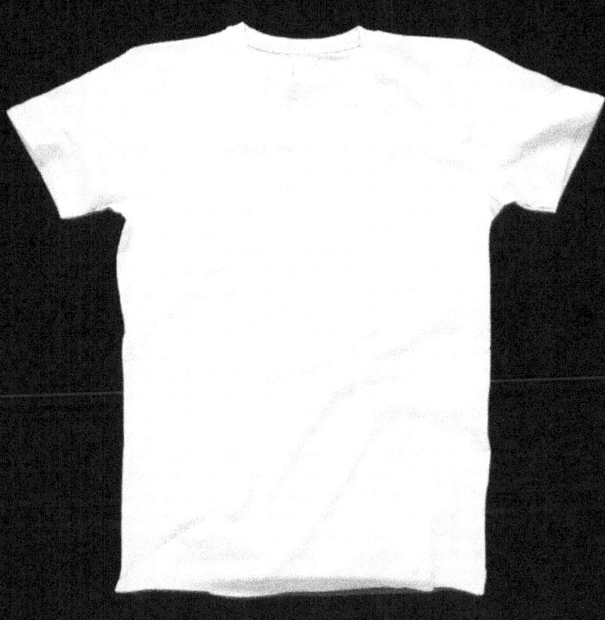
MERCH
Flip Tips

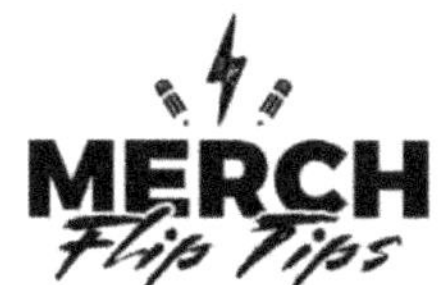

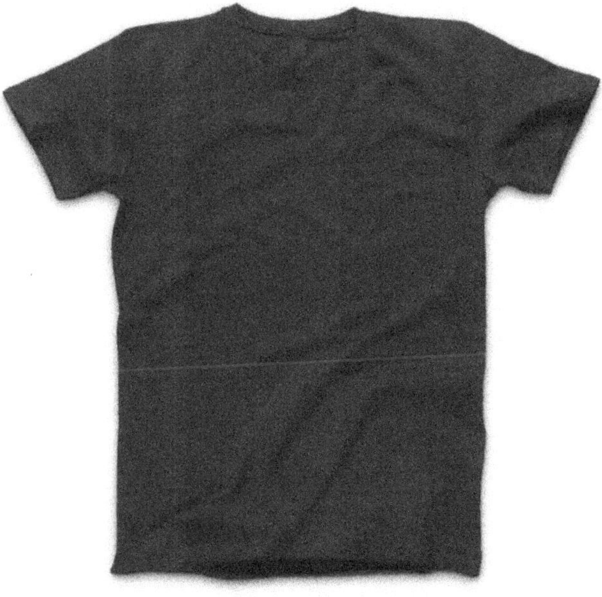

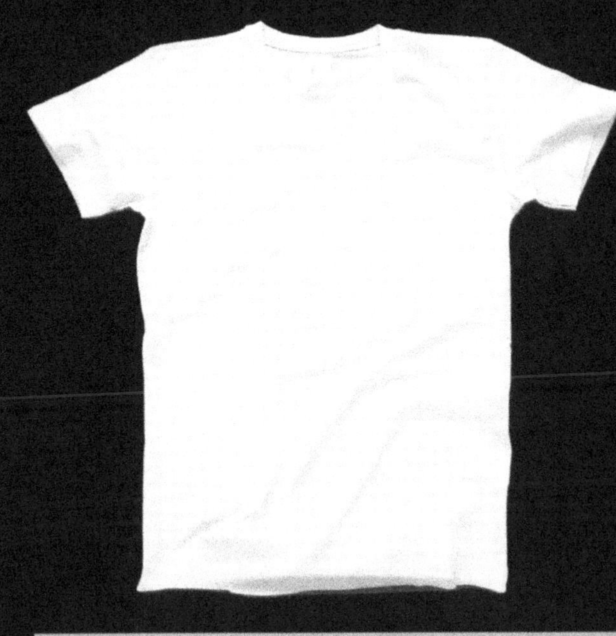
MERCH
Flip Tips

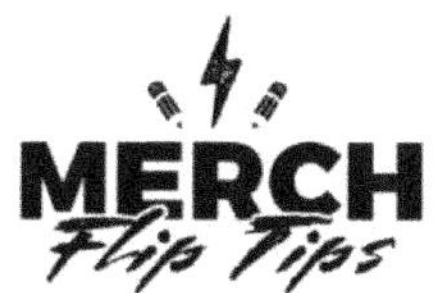

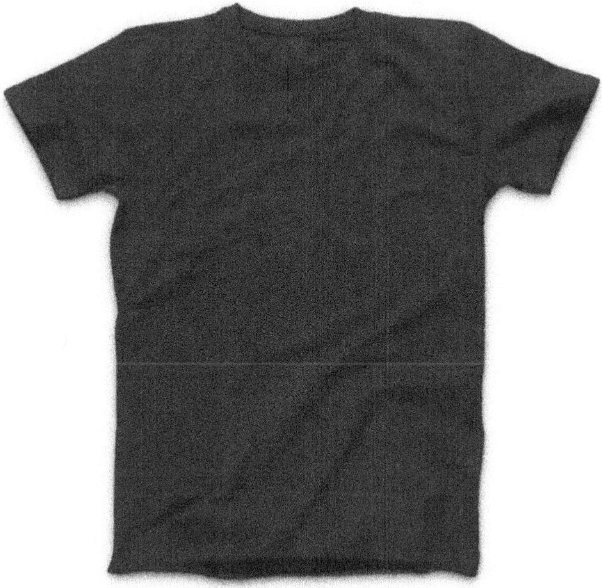

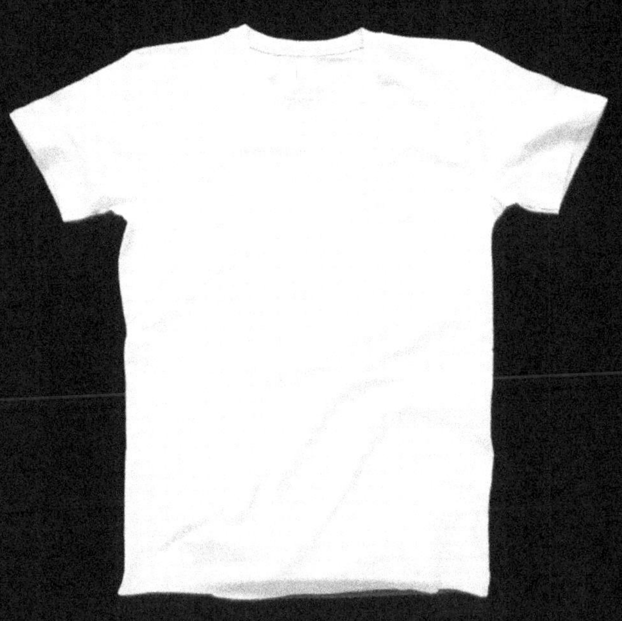

MERCH
Flip Tips

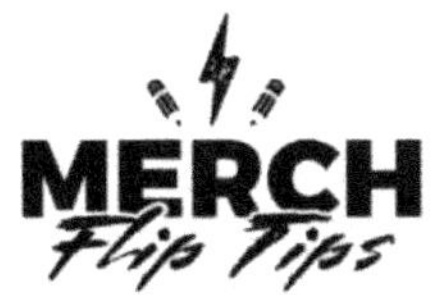

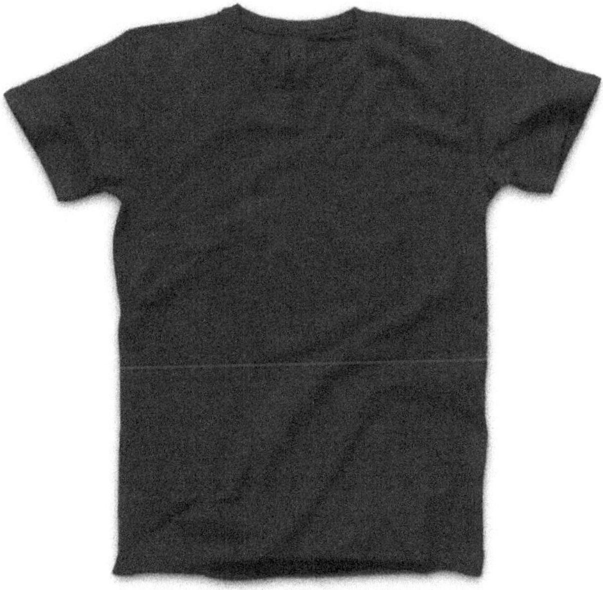

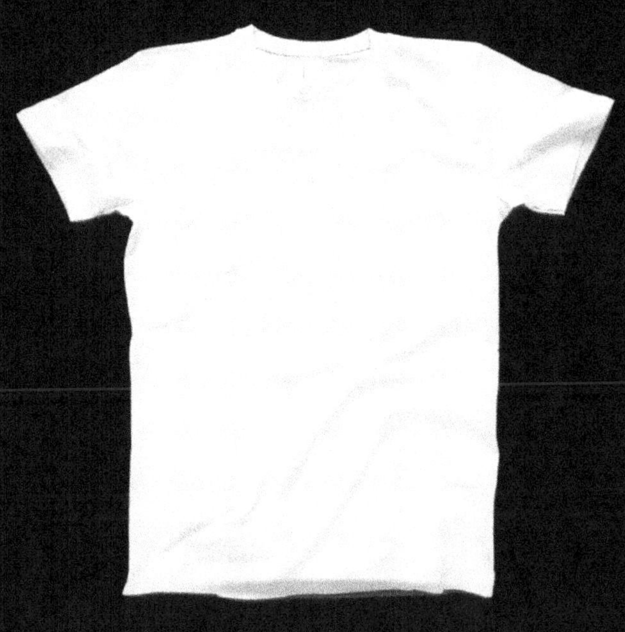

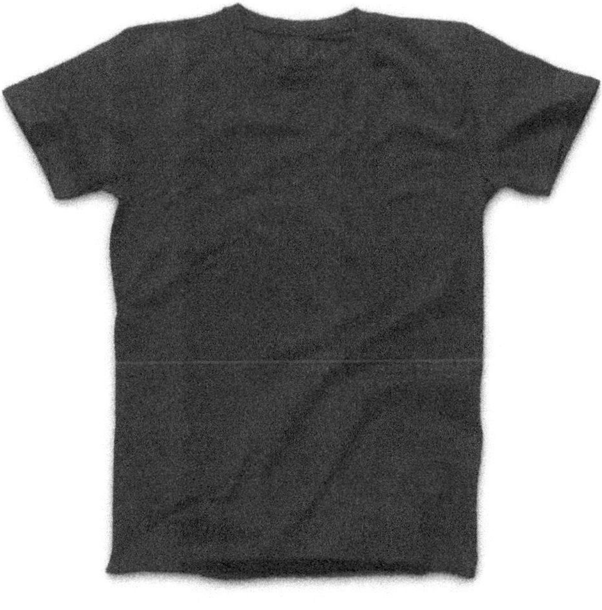

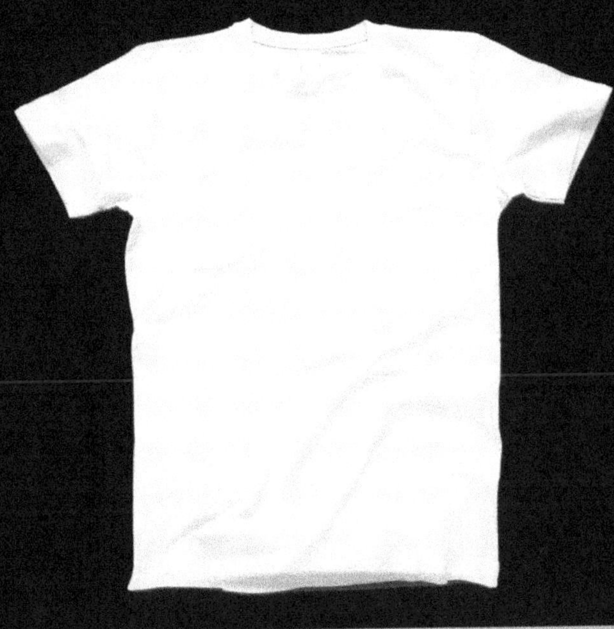

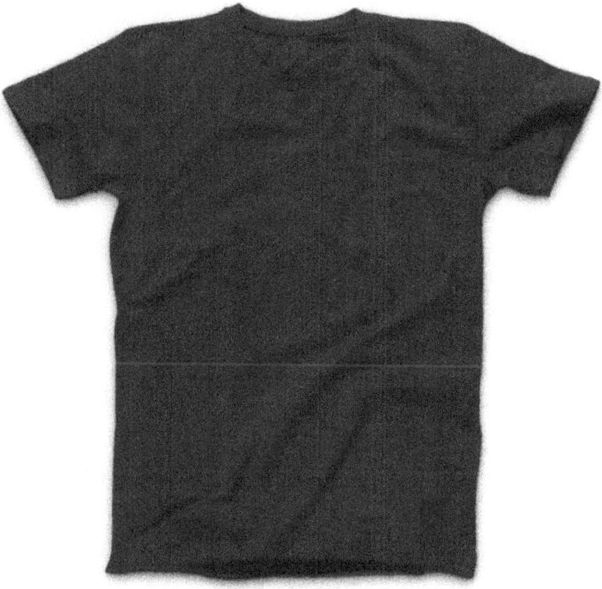

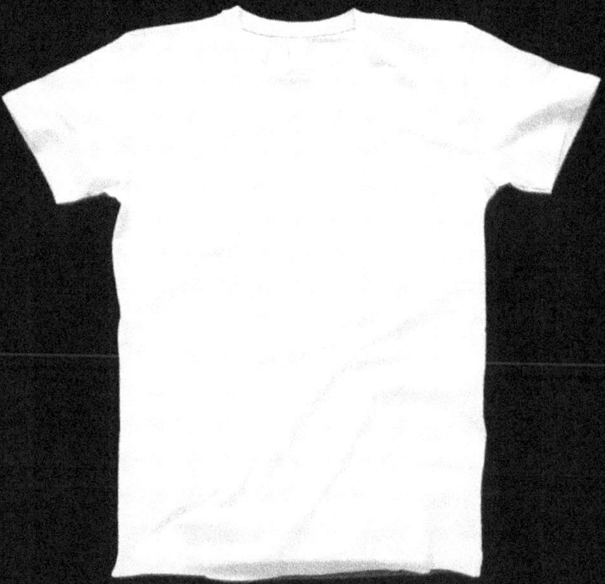

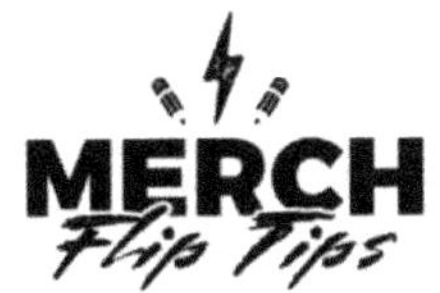

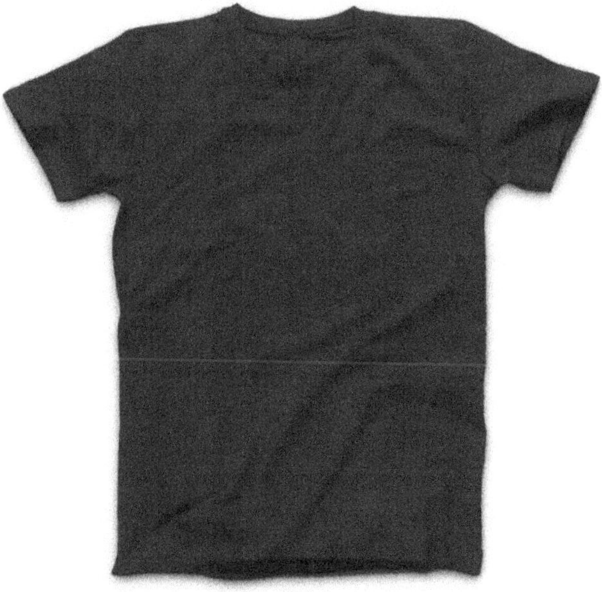

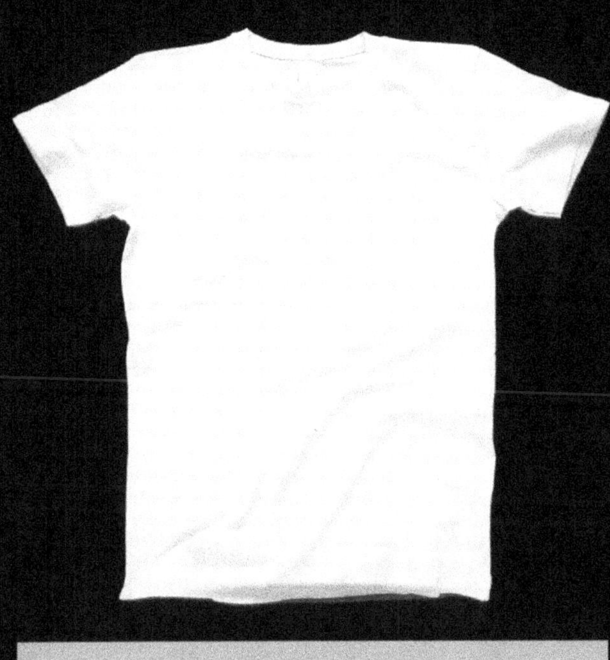
MERCH
Flip Tips

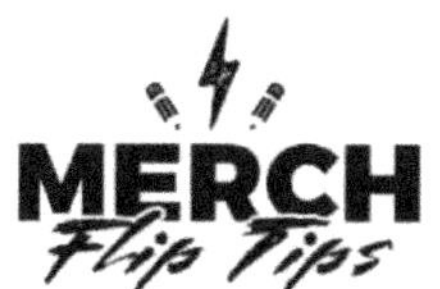

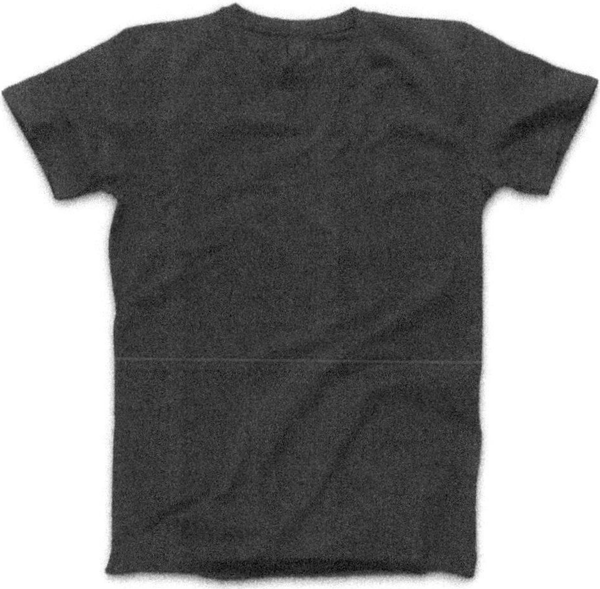

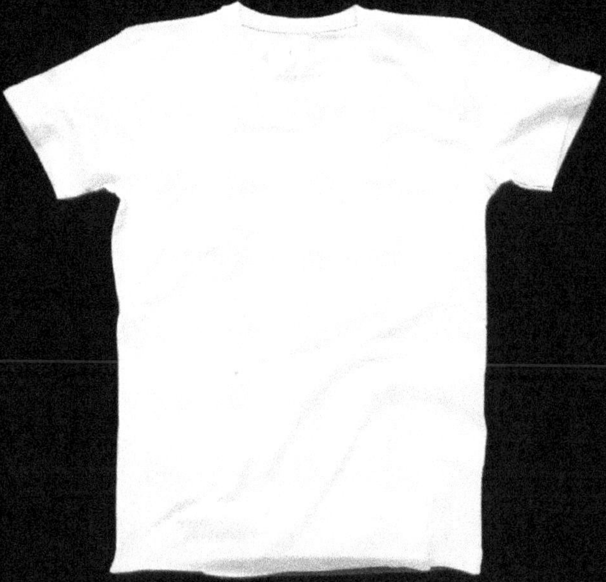

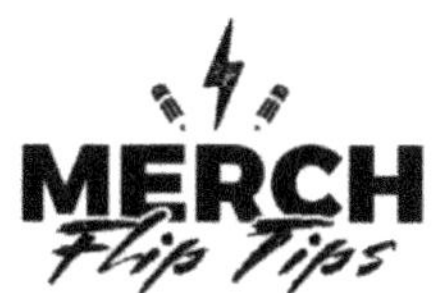

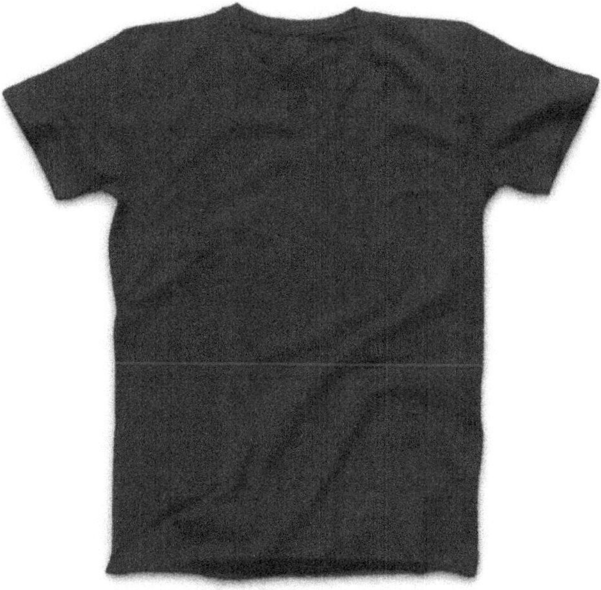

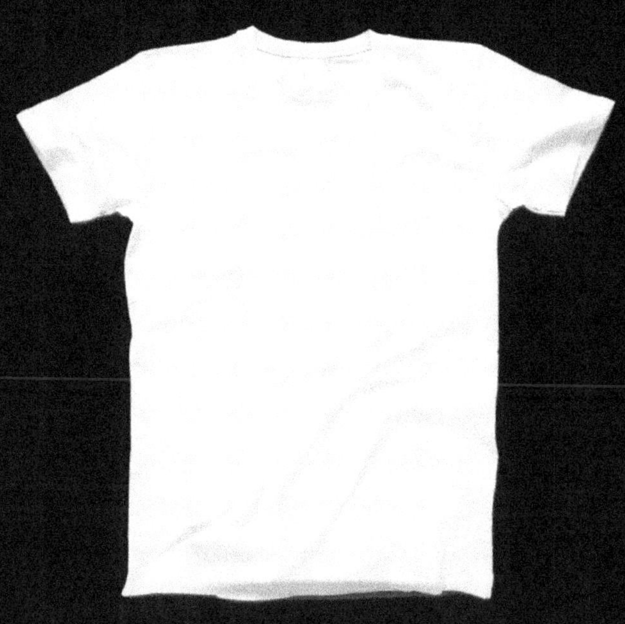

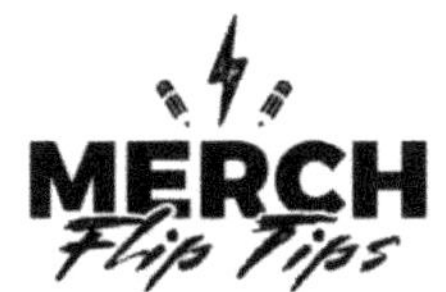

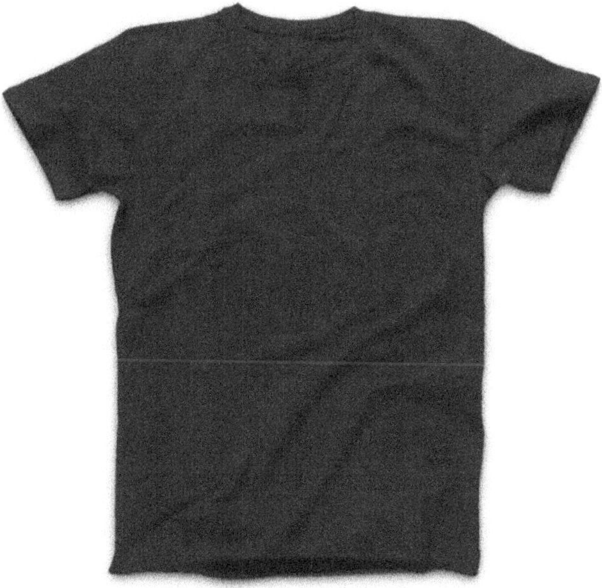

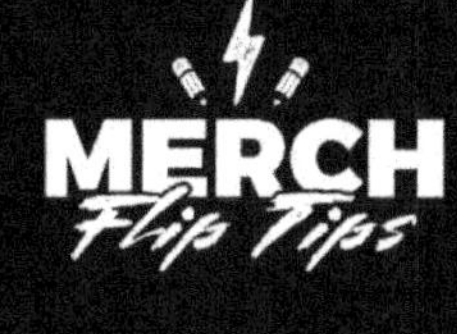
MERCH
Flip Tips

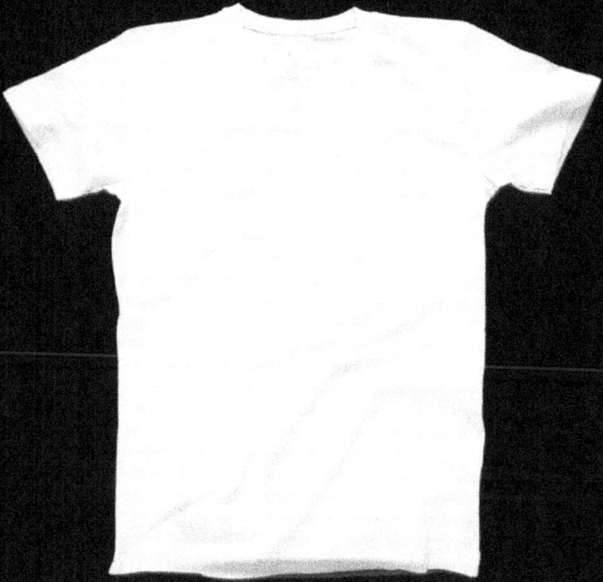

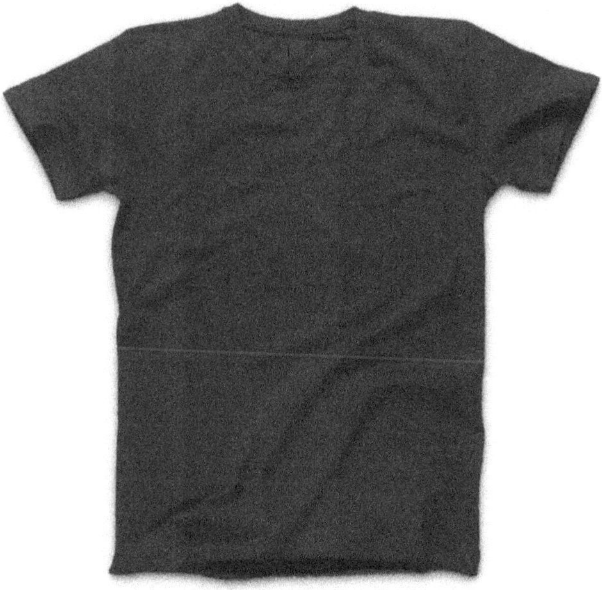

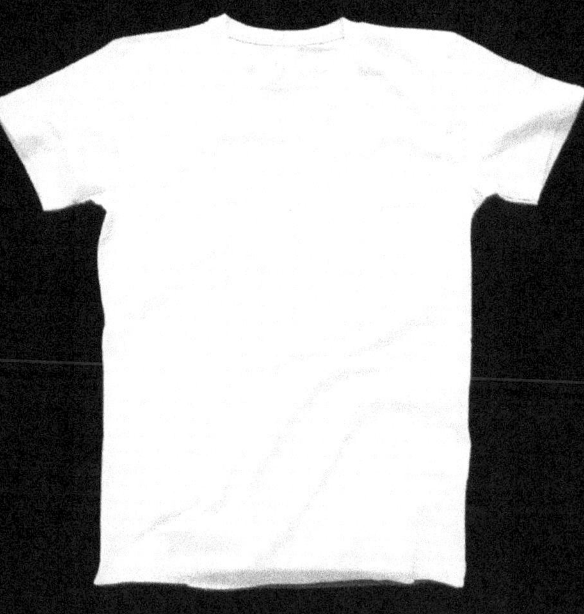
MERCH
Flip Tips

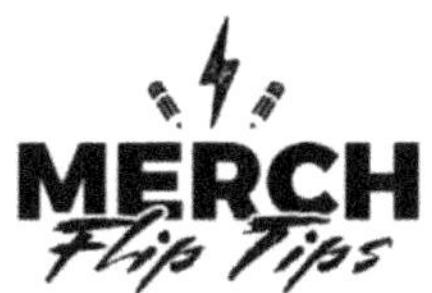

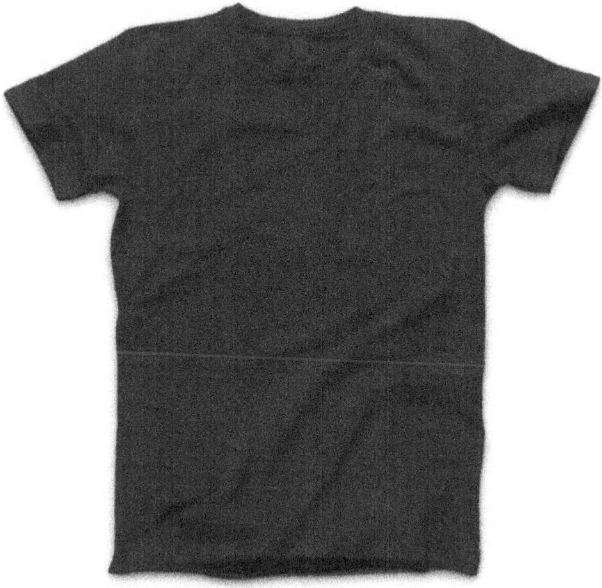

MERCH
Flip Tips

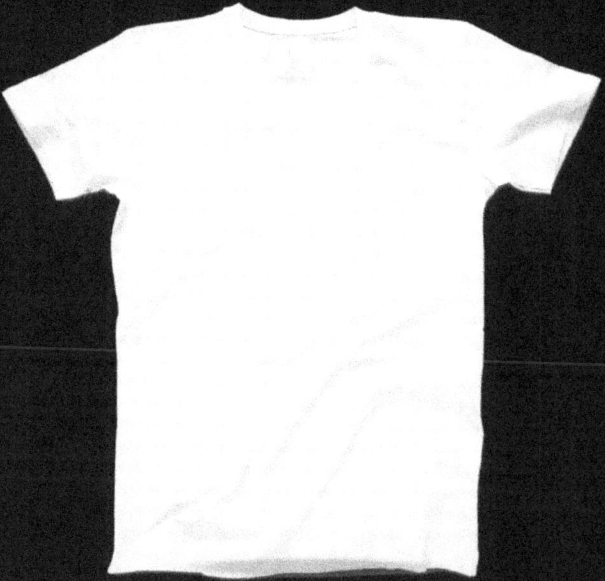

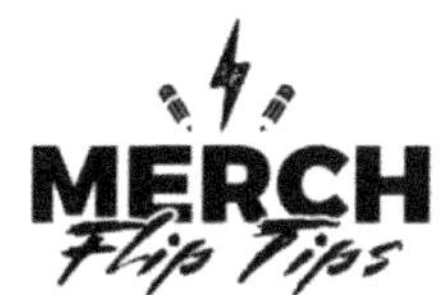
MERCH
Flip Tips

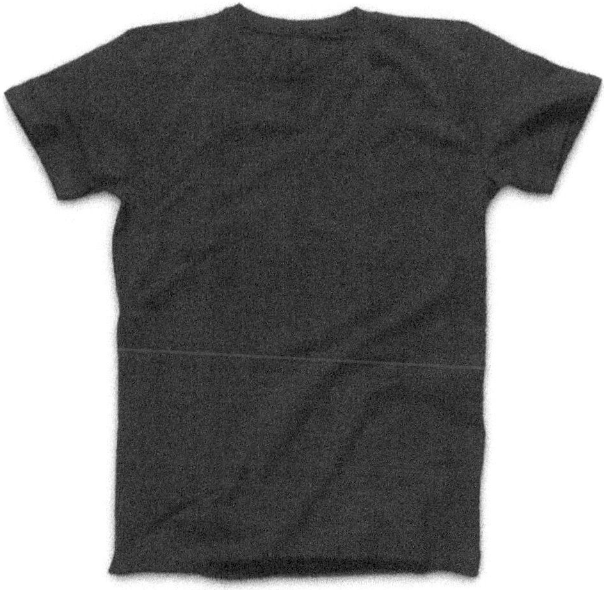

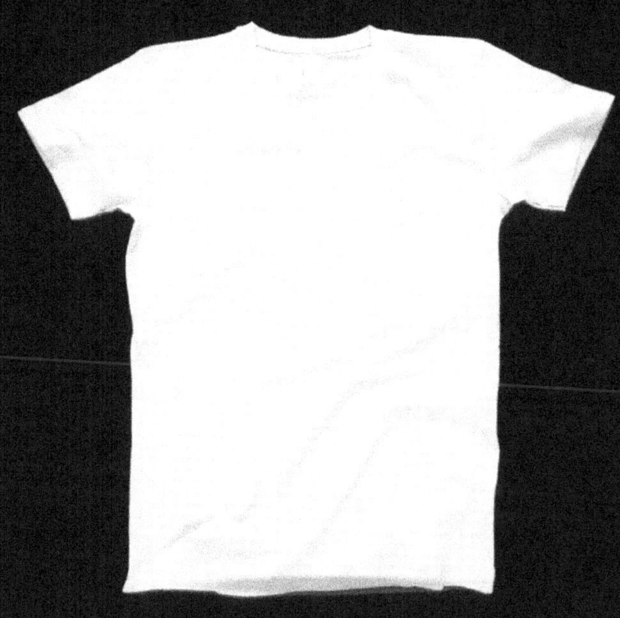

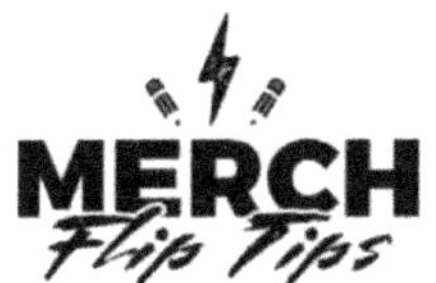

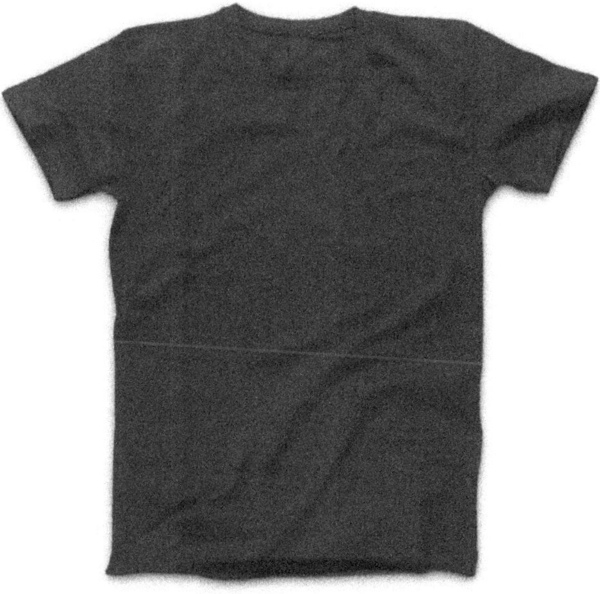

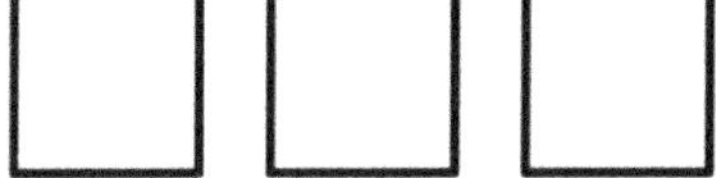

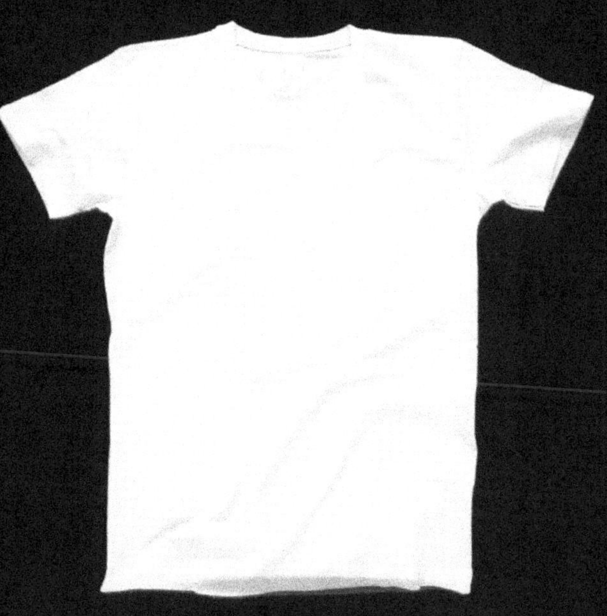
MERCH
Flip Tips

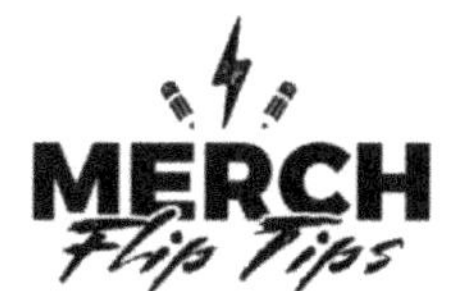

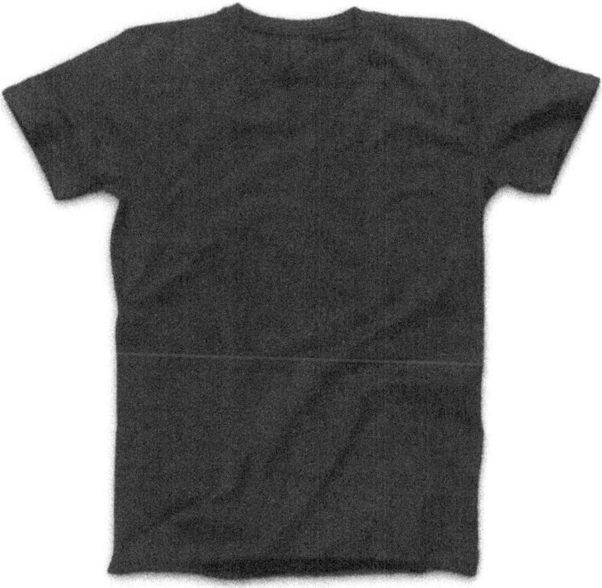